Würzburg

Contents

Contenu

© 1992, Edm. von König-Verlag, D-6912 Dielheim,
Federal Republic of Germany, Postfach 1027
Photographs: Willi Sauer, Ulrich Strauch, Dielheim

              p. 18, 19, 21 (at the top), 23, 45 by Thomas Huth, Würzburg
Aerial photographs: p. 7 permitted by the Reg. Präs. Ka. 0/20761
                      p. 25 permitted by the Reg. Präs. Ka. 0/18797
                      p. 39 permitted by the Reg. Präs. Ka. 0/18822
City guide to Würzburg. Schinagl-Design, 8707 Veitshöchheim
Text: Friedrich Brandes (Mainfr. Museum by Hanswernfried Muth)
English: Translation Services Dr. Paul Foster
French: Liliane Schnurr, Snh.-Dühren
Set up: Willy Sauer, Ulrich Strauch, Hellmuth Roth
Setting: Druckservice Klaus Stolinski, Malsch
Photolithos and print: Vontobel-Druck AG, CH-Feldmeilen
ISBN: 3-921 934-31-1

In the same series:
Heidelberg – Dinkelsbühl – Rothenburg – Ulm – Rhine – Freiburg – Nuremberg – Black Forest

Würzburg

W. Sauer, U. Strauch

Edm. von König-Verlag, Heidelberg

Brief History of the City

approx. 1000 B.C.   There is evidence of a Celtic fortification on the Marienburg

approx. 100 B.C.   Germanic tribes invade the region which is the present day Franconia

450 A.D. "Uburzis" – City of the Allemannen – is mentioned

650   Franconian duchy established on the Main.

689   The Irish missionaries Kilian, Kolonat and Totnan martyred here.

704   First official mention of "Castellum Virteburch".

788   Consecration of the cathedral in the presence of Charlemagne.

1030   The town finally becomes the possession of the bishops.

1133   The first stone bridge over the Main to connect the two parts of the city on each side of the river (today's "Alte Mainbrücke")

1156   The Staufer and emperor, Friedrich Barbarossa, having often held his Reichstag here, marries a second time, on this occasion Beatrix, the heiress of Burgundy City, which now falls to the possession of the Staufers. Nearly 600 years later G. B. Tiepolo portrays this event as a fresco in the imperial room of the Residence, now world-famous.

1168   Barbarossa, at the Reichstag of Würzburg, finally bestows the Franconian dukedom upon the bishop of Würzburg. This event has also been depicted by Tiepolo (1752) and can be seen in the imperial room of the Residence.

1201   The extension of the castle above the towns is begun. The church of the Madonna has stood there for 500 years and was also for a short time an episcopal cathedral until the building of the present cathedral. The hill now changes its name from "Alt Würzburg" to its present designation, Marienburg.

1230   The great German Minnesänger, Walter von der Vogelweide, is buried in Lusamgärtchen.

1316   The community claims the Grafen-Eckart Building as its town hall. One wealthy citizen endows the Bürgerspital (Citizens' Hospital) of the Holy Ghost to the community and plants a vineyard.

1400   The citizen's army is annihilated by Bishop Gerhard von Schwarzburg at Bergtheim. He metes out severe justice, numerous citizens and councillors are executed and the town is called upon to pay huge recompense. As a punishment, the citizens also have to build the Randersackerer Tower on the hill above the town.

1483   The renowned sculptor and wood-carver, Tilman Riemenschneider, settles here and quite soon afterwards becomes both councillor and lord mayor. The city becomes caught up in the Peasants' War. The castle is again stormed, but withstands the attack though suffering heavy losses.

1525   End of the Peasants' War. The Bishop, Konrad v. Thüngen, dispenses hard punishment. Riemenschneider is taken prisoner and tortured. Freed, he subsequently dies in 1531, a man broken in body and spirit.

1573   Julius Echter v. Mespelbrunn becomes bishop and prince.

1576   The town receives the Juliusspital with a rich endowment.

1631   The Swedes occupy the town under Gustav-Adolf without meeting resistance and besiege the long-since extended castle on the Marienburg. After the most appalling fighting and much bloody sacrifice, the fortification falls to the enemy for the first time in its history.

1642   Johann Philipp von Schönborn becomes bishop and members of his family succeed him. He immediately begins to extend and consolidate the fortifications above the city even while fighting continues and in view of his previous experience in 1631. Marienburg becomes an imperial fortress.

1699   Johann Philipp von Greiffenclau is bishop. The first plans to resettle in the town itself are considered.

1711   The armourer and later the builder of the Residence, Balthasar Neumann, comes to Würzburg.

1719   The great-nephew of the first Bishop Schönborn, Joh. Philipp Franz von Schönborn, becomes bishop and at last moves down into the town. He immediately commences on the building of the Residence.

1751   The Venetian master painter, Tiepolo, arrives in the town and goes about his frescos until the year 1751, working on the Imperial Room and staircase while the Residence itself is by now almost completed.
At this time the city experiences a revival hitherto unknown. Splendid churches and fine citizens' houses come into being while Friedrich Karl v. Schönborn, the third and greatest builder of the Residence, keeps the city free from the ravages of war by sagacious diplomacy.

1755   Adam Friedrich v. Seinsheim becomes bishop and prince. He is a nephew of the preceding Schönborns and it is he who finally brings the construction of the Residence's interior to an end. The Hofgarten and Veitshöchheim are laid down in their present form.

1801   The French occupy the town and its fortress. Napoleon sojourns several times in the city.

1815   The Bavarian crown prince resides in Würzburg until his assumption of Kingship as Ludwig I (1825). His son, Luitpold, later Prince Regent, is born at the Residence. Würzburg's inhabitants now number 40,000.

1854   The railway comes to Würzburg.

1866   The fortress is used as such for the last time and catches fire after artillery attack.

1895   Wilhelm C. Röntgen discovers the X-rays named after him. The town continues to develop into a reputable centre for the arts and sciences, commerce and trade. At the turn of the century, the city has 75,000 inhabitants.

1939   The outbreak of war puts an abrupt end to the town's further development (now 130,000 inhabitants). No-one believes at this time in serious danger to the city.

16.3.1945   The Royal Air Force raids the city leaving it in ashes.

6.4.1945   U. S. forces fight for possession of the city for several days among its ruins.

Histoire de la ville en bref

Env. 1000 ans Av. J.C. Indices d'une citadelle de refuge celtique sur le Marienberg.

Env. 100 ans Av. J.C. Les Germains envahissent la région qui est nommée aujourd'hui la Franconie

450 Apr. J.C. Pour la 1ère fois est mentionnée Uburzis – ville des Alamans –

650 Fondation d'un duché franconien sur le Main

689 Les missionaires Irlandais Kilian, Kolonat et Totnan meurent en martyrs

704 Premier témoignage documenté du castellum Virteburch

788 Consécration de la cathédrale en présence de Charlemagne

1030 La ville appartient définitivement aux évêques

1133 Premier pont en pierre sur le Main pour relier les deux parties de la ville de part et d'autre du fleuve (aujourd'hui "Vieux Pont du Main")

1156 L'Empereur Frédéric Barberousse, après avoir présidé le Reichstag (Diète d'Empire) plusieurs fois à Würzburg, fête son deuxième mariage avec Béatrice l'héritière de la Bourgogne qui tombe ainsi entre les mains des Staufer. Presque 600 ans plus tard, G. B. Tiepolo dépeint cet événement par les fresques célèbres dans la salle impériale de la Résidence.

1168 Transfert définitif de la dignité ducale franconienne à l'évêque par F. Barberousse. G. B. Tiepolo dépeint également cet événement en 1752 dans la salle impériale de la Résidence.

1201 Commencement de la construction de la citadelle sur la montagne "Alt Würzburg" puisque depuis déjà 500 ans il y a là une église de la Ste Vierge très visitée qui servit pour une courte durée de cathédrale épiscopale jusqu'à la construction du dôme. Depuis la montagne est nommée Marienberg (Montagne de Ste Marie).

1230 Le grand minnesänger allemand Walther von der Vogelweide est enterré dans le jardinet Lusam.

1316 La communauté des citoyens acquiert l'édifice du comte Eckart comme Hôtel de Ville; Un citoyen aisé fait don de l'hôpital du St Esprit et le dota généreusement de vignobles.

1400 Défaite destructrice de l'armée des citoyens par l'évêque Gerhard v. Schwarzburg près de Bergtheim. L'évêque rend sévèrement justice. Il impose à la ville une forte contribution et de nombreux citoyens et conseillers furent exécutés.
Comme punition les citoyens durent aussi construire la tour de Randersacker de la citadelle.

1483 Le très estimé Tilman Riemenschneider, sculpteur sur pierre et bois vient dans la ville et très tôt fut conseiller et bourgmestre. La ville participa à la guerre des paysans. La ville fut à nouveau assaillie, mais resista malgré des pertes importantes.

1525 Fin de la guerre des paysans. L'évêque (Konrad v. Thüngen) rend sévèrement justice. Tilman Riemenschneider est prisonnier et torturé dans la citadelle. Remis en liberté en 1531, il mourut brisé corps et âme.

1573 Julius Echter von Mespelbrunn devient Prince-Evêque.

1631 Sous Gustave-Adolf, les Suédois occupent la ville sans coup férir et assiègent la citadelle sur le Marienberg, depuis longtemps fortifiée.
Après de terribles combats et des massacres sanglants la forteresse tombe pour la première fois aux mains des conquérants.

1642 Johann Philipp von Schönborn devient Prince-Evêque et fonde ainsi une lignée que trois autres membres de la famille continuèrent. Il commença aussitôt, encore durant la confusion de la guerre, motivé par les mauvaises expériences de 1631, par l'ample et efficace construction des fortifications. Le Marienberg devient alors forteresse impériale.

1699 Johann Philipp v. Greiffenclau devient Prince-Evêque. Les premiers projets pour un éventuel déménagement dans la ville sont examinés.

1711 Balthasar Neumann, futur constructeur de la Résidence, arrive à Würzburg.

1719 Johann Philipp Franz v. Schönborn le petit neveu du 1er Schönborn devient Prince-Evêque. Il s'installe définitivement dans la ville et fait immédiatement commencer la construction de la Résidence.

1750 G. B. Tiepolo, artiste-peintre vénitien vient dans la ville et, jusqu'à 1753 fait les fresques de la salle impériale et les escaliers de la Résidence entre-temps presque terminée. A cette époque la ville prend un essor inconnu jusqu'alors. De magnifiques églises et de splendides maisons bourgeoises sont construites. Les Princes-Evêques, habiles diplomates, protégèrent la ville de toutes confusions guerrières.

1755 A. Friedrich von Seinsheim devient Prince-Evêque. C'est le neveu des Schönborn précédents et il termine enfin la construction de l'intérieur de la Résidence. Les jardins de la Cour à Würzburg et Veitshöchheim sont aménagés dans leur forme actuelle.

1801 Les Français occupent la ville et la forteresse. Napoléon 1er séjourne plusieurs fois dans la ville jusqu'en 1812.

1815 Jusqu'à son avénement au trône, sous le nom de Ludwig 1er (en 1825), le prince-héritier bavarois réside à Würzburg. Son fils Luitpold, futur prince-régent naît dans la Résidence de Würzburg. On compte presque 40 000 habitants.

1866 La forteresse est utilisée en tant que telle pour la dernière fois. Les Prussiens la bombardent et l'incendient.

1895 Wilhelm Conrad Röntgen découvre à Würzburg les rayons X. La ville continue à se développer en centre d'art, de science, d'artisanat, de commerce, au Nord du royaume bavarois. On compte déjà 70 000 habitants au début du siècle.

1939 Le commencement de la guerre met fin au développement de la ville (130 000 hab.) Personne ne pense pourtant à un danger sérieux pour la ville.

16.3.1945 Un raid aérien de la Royal Air Force réduit en cendres la ville entière.

6.4.1945 Après plusieurs jours de combat, l'armée américaine s'empare des ruines.

A City Lives Again

As a watery sun struggled to shine through the sooty clouds ot the smoke-filled city in the grey of the morning of 17th March, 1945, the survivors of Würzburg had as yet no real idea of the destruction wrought upon their town. Not a house, not a shop, not a church nor public building seemed intact anymore. One spoke at the time of the "Grave of the Main". A completely new Würzburg, it seemed, should appear in another place as though out of a retort. But how wrong one was; only a few days after the end of the most appalling war of all time the inhabitants who had fled now returned to their ravaged city, buried their numerous dead, repaired a completely broken-down water supply, set up gas and electricity supplies while the women of Würzburg began clearing away the debris. The first emergency accommodation centres were erected among the ruins and in cellars. The city began to live again. Late prisoners of war eagerly turned in saving the central section of the Residence which still stood, but which was threatened by collapse, under the understanding guidance and initiative of a U. S. officer responsible for restoration. There was the general conviction that this city should be re-established on the same spot and restored to its former urban architecture and beauty.

Now, forty years later, the city has attained just that. It has been fully restored, a mighty city full of life and, as before, once more dedicated to the cultivation of the arts and sciences, a commercial city, and one changing with the times. A great deal could be saved, restored to its former glory and brilliance and built up once more. If during the course of the first few years of re-establishment much was destroyed, cleared away for good or irreparably lost in the avid desire to get things done, there was nevertheless on the other hand a perceptive feeling for adapting the new to the old in conscious awareness of contrast.

And thus it is that this township has become once more what it always used to be, a powerful witness to its thousand years of history and its determination to develop further. As from time immemorial, the peculiar character of this city, its Franconian individuality, its atmosphere, draw hundreds of thousands from far and near to prove for themselves the verity of the saying: "In Würzburg there is time to live". That the Bavarian Free State has at last probably managed to make convinced Bavarians of those who might have felt it to be a yoke after the fall of Hitler's "Thousand-Year-Reich" and perhaps mourned for their independence as an archduchy and ecclesiastical princedom is something that ought to be asserted here. Thanks is owed to all those who have paid, countless millions in taxes throughout the land in order to restore the former Residence and many other historical buildings to their previous splendour. The illustrations which follow are intended to demonstrate graphically what many a scholarly word might fall short of describing and, finally, to encourage the visitor to return to the city.

La ville ressuscitée

Quand, à l'aurore du 17 mars 1945, un soleil blême lutte contre des nuages de suie et de fumée, les survivants de Würzburg se rendent compte de l'étendue du désastre. Aucun immeuble ni magasin, aucune église, aucun bâtiment public, plus rien ne semblait intact. La fière forteresse, le vénérable dôme, la précieuse Résidence, tout ce qui a imprimé le caractère unique de mille ans d'histoire de la ville, serait-il perdu pour toujours? On parlait de "tombeau du Main" qui devrait témoigner de la barbarie et de la bêtise des hommes. Un Würzburg tout à fait nouveau devait être construit sur une autre place adéquate, pour ainsi dire recréé de toutes pièces. Mais au contraire, déjà quelques jours après la fin de la guerre la plus atroce de tous les temps, les habitants retournaient dans leur ville détruite, enterraient leurs nombreux morts et remirent en ordre l'alimentation des eaux, gaz et électricité. Les "Trümmerfrauen" (femmes des décombres) de Würzburg commencèrent les travaux de déblayement. Dans des caves et des ruines on établit les premiers abris de secours. La ville recommença à vivre. Des hommes courageux, de retour de leur captivité, sous la direction d'un officier Américain, sauvèrent la partie centrale de la Résidence menacée de délabrement. On était d'accord pour que cette ville soit reconstruite à la même place, de même aspect urbain et de même beauté.

Quarante ans après la ville est ressuscitée, reconstruite et agrandie pleine de vitalité et comme toujours engagée à l'art, à la science et au commerce. On sauva beaucoup qui fut restauré et reconstruit dans son ancien éclat de splendeur, tout en adaptant consciemment le vieux et le neuf.

Aussi cette communauté est redevenue ce qu'elle était, un témoignage plein de force, d'une histoire millénaire et de développement progressif et constant. Comme jadis est resté le caractère particulier et original franconien et l'ambiance de cette ville qui attire an pour an des centaines de milliers d'étrangers de près et de loin pour prouver la vérité du slogan "A Würzburg on a le temps de vivre". On peut noter définitivement qu'après 40 ans après la fin de "L'Empire de mille ans" l'Etat Libre de "Bavière a réussi à transformer des "Bavarois forcés" en "Bavarois convaincus" qui ne déplorent plus l'indépendance épiscopale ou grande-ducale. Le remerciement en revient à tous les "citoyens contribuables" de tout le pays qui ont contribué à la reconstruction de l'ancienne Résidence et plusieurs autres monuments avec d'innombrables millions. Les images suivantes doivent expliquer aux étrangers ce qui ne peut être écrit et les inciter à revenir.

View of the city on the Main River
Vue de la ville sur le Main

Things Worth Seeing in the City

Those coming from the west and reaching the left bank of the Main should bring their "carriage" to a stop and walk the remaining few hundred meters into the pulsating heart of the town thus giving themselves a chance to survey the city.

The "Alte Mainbrücke" is the oldest link between the fortress or Main Quarter and the right bank district of the city. The oldest architectural relics probably date back to the time of Bishop Burkhard (741–753) and their present form comes from the 18th century with some modifications from the 19th. At the end of the war they were partly blown up and very badly damaged, but in 1977 restored to their former proportions. The twelve larger-than-life stone statues record the history of the city.

At the end of the bridge the visitor is welcomed by the townspeople's house, the Grafeneckart, which has served the city as a Town Hall since 1316. In it is to be found the Wenzel Room, so-called after King Wenzel the Idle who promised the citizens the freedom of an imperial city, but who threw them into danger, misery and death instead. Further along, our way leads us into Domstrasse in all its busy activity and later we pass restored narrow alleys and lanes recalling oldtime Würzburg's quaintness and charm, over "Domfreiheit" to that home of spiritual tranquillity the Cathedral of St. Kilian. The old, round church, built in about 705 on the Marienburg, originally under the bishopric of St. Burkhard after 742, then for several centuries the bishop's cathedral. The modest size of this church made it necessary to erect a new building in the centre of the rapidly developing city on the right bank of the Main. After several earlier buildings the church as a whole was erected after the year A. D. 1000 on this spot. Extensions and modifications continued until the 18th century, so that we see evidence of the Romanesque period (up to 1250), the Gothic (up to 1600), late Gothic and Renaissance, Baroque and late Baroque up to 1750. On the 16th March, 1945 both the city and this ancient, worthy edifice were razed to the ground. In 1960, the outer form was once more restored and later, on the 6th May, 1967, after complete restoration the cathedral was ceremoniously consecrated and placed in the hands of a bishop once more. The restoration and appointments of the church in its present form are nevertheless a subject of some controversy. In the last analysis they were the result of a joint responsible decision by experts in the state of Bavaria, which also carried the costs. One of the interesting things about the cathedral is the large number of memorials to the dead in its interior dating back to the 12th to the 20th century. The artistic zenith within it is Tilman Riemenschneider's tombstone for Bishop Rudolf von Scherenberg who from 1466 onwards though strict was also just in attending to the management and well-being of his bishopric before he died at the age of ninety at the beginning of the Reformation. Turning left in front of the cathedral we arrive after a few steps at the Oberen Markt (Upper Market).

Along the way one comes across a slyly-smiling chaffer who reminds those hurrying about their business that after work is done one should not forget to take one's ease with a glass of good wine.

The Marienkappele Chapel, so-called since it was never a parish church, is one of the most important Gothic buildings in Bavaria. It was built after 1377 in the place of a wooden synagogue which burned down in 1349 in the course of a grievous pogromin in this city, too – against the Jews. It is an impressive example of the expression of a powerful citizenry under its ecclesiastical masters. Next to it can be seen the uniquely beautiful Rococo facade of the Falkenhaus which a wealthy, self-confident burgher had carried out in 1751. In 1939, the house became the property of the town which, after its destruction in 1945, was once more restored to its former splendour by talented and discerning craftsmen. The house now contains the city's Foreign Tourist Department and its Department for Culture as well as a comprehensive city library.

In the year 1748, B. Neumann, the builder of the Residence, began the building of the Käppele or Little Chapel in place of a former, ancient Pilgrims' chapel with its painting of Our Lady of Mercy. The church is still the object of countless pious pilgrims who, while praying and singing, climb the steep Way of the Cross on Nikolausberg. The interior of the church contains splendid ceiling frescos created by Matthäus Günther, a pupil of the Brothers Asam, and stucco of the Wessobrunner School. The remains of an old way of the cross with a tomb of Walther von der Vogelweide can be found in Lusamgärtchen behind the Neumünster. The great Minnesänger (song-writer we would call him today), after a life of restless wandering about the country received a donation in his old age from Emperor Friedrich II taken from the coffers of the Meumünster seminary. ("Ich han min lehen") – I have my benefice – is one of the songs. He died here in 1230.

Curiosités de la ville

Celui qui, venant de l'Ouest, atteint la rive gauche du Main devrait absolument abandonner sa voiture, car les quelques cents mètres jusqu'au cœur battant de la ville devraient être faits à pied, les yeux grands ouverts.

Le Vieux Pont du Main est la plus ancienne communication entre la forteresse, respectivement le quartier du Main et la ville de la rive droite. Les plus vieux éléments de construction datent encore du temps de l'évêque Burkhard (741–753), la forme actuelle du 18ème s. avec quelques modifications du 19ème s. Ayant été dynamité et gravement endommagé vers la fin de la guerre, il fut complètement reconstruit jusqu'en 1977. Les 12 statues, plus grandes que nature, témoignent de l'histoire de la ville.

A l'autre bout du pont le visiteur est, pour ainsi dire, reçu par le "Grafeneckart", symbole du rôle dirigeant de la haute bourgeoisie, qui servait d'hôtel de ville depuis 1316. Il contient la salle Wenzel, ainsi nommée d'après Roi Wenzel der Böhme qui promit la liberté impériale aux citoyens mais les poussa dans la misère. Le chemin mène le long de la Domstraße qui grouille de vie, passe par les ruelles pleines d'ambiance du Vieux Würzburg, continue par la "Domfreiheit" jusqu'au Dôme St Kilian, un centre de paix et de méditation. La vieille église (de 705) sur le Marienberg fut cathédrale épiscopale pendant plusieurs décennies, sous St Burkhard à partir de 742. La taille modeste de cette église et son éloignement obligèrent une nouvelle construction au centre de la ville croissante à droite du Main. Après plusieurs prédécesseurs on commença, après l'an 1000, la construction sur la place actuelle. Des modifications et extensions s'étendent jusqu'au 19ème s. et c'est ainsi qu'on trouve un mélange des éléments du style roman jusqu'à env. 1250, jusqu'à 1600 du style gothique, du style flamboyant respectivement renaissance et jusqu'à 1750 du style baroque et rococo. Le 16. 3. 1945 le Dôme St Kilian ainsi que la ville tombèrent en cendres. En 1960, la forme extérieure était reconstruite.

Après la complète reconstitution, le dôme fut consacré et pris en possession par l'évêque, le 6. 5. 1967. La reconstruction et la forme actuelle n'en étaient et ne sont pas moins incontestées. C'était finalement le résultat d'une décision responsable et collective d'experts de l'Etat Libre Bavarois qui en supporta les frais. Remarquable est le grand nombre de tombeaux à l'intérieur du dôme qui datent du 12ème au 20ème siècle. Le point culminant artistique sculpté par Tilman Riemenschneider est le tombeau du Prince-Evêque Rudolf von Scherenberg qui établit l'ordre et la prospérité à partir de 1466 avec un régime rigoureux mais juste jusqu'à sa mort en 1495 (il avait plus de 90 ans) au début de la Réformation.

En tournant à gauche devant le dôme on arrive, après quelques pas, au Oberen Markt (marché supérieur).

Nous passons devant une statue qui sourit malicieusement et rappelle à ceux qui sont pressés dans leurs affaires de ne pas oublier un moment de détente devant un verre de bon vin.

Parce qu'elle n'a jamais été église paroissiale, la chapelle de la Ste Vierge est un des plus beaux et importants édifices gothiques de Bavière. Elle fut construite en 1377 au lieu d'une synagogue en bois qui fut incendiée en 1349 au cours d'un de ces pogromes funestes, qui eurent lieux aussi dans cette ville. L'église est un exemple impressionnant du règne de la bourgeoisie sous un régime écclesiastique. Juste à côté on trouve la très belle façade de style rococo de la Maison du Faucon (Falkenhaus) qui à été faite sur l'ordre d'un citoyen aisé en 1751 par des stucateurs bavarois. En 1939 la maison passa en propriété de la ville et des artisans doués de Würzburg la reconstruisirent après 1945 dans son ancienne splendeur bourgeoise. Aujourd'hui la bibliothèque communale et l'office du tourisme et de la culture résident dans cette maison.

En 1748 B. Neumann, constructeur de la Résidence, commença la construction de la Käppele (Petite Chapelle) à la place d'une très ancienne chapelle de pélerinage avec une image miraculeuse de la Ste Vierge. L'église est toujours encore le but de nombreux pélerins qui montent le raidillon vers le Nikolausberg en priant et en chantant. L'intérieur de l'église contient des fresques magnifiques de Matthäus Günther (élève des frères Asam) et des stucages de l'école Wessobrunner. Des restes d'un vieux cloître avec le tombeau de Walther von der Vogelweide se trouvent dans le jardinet de Lusam, derrière le Neumünster. Le grand troubadour (aujourd'hui on dirait chansonnier) reçut après un vagabondage sans repos, un fief de l'Empereur Frédéric II de la propriété de la fondation de Neumünster et y mourut en 1230.

View of the Old Main Bridge and the Fortress
Auprès du Vieux Pont du Main et vue de la forteresse de Marienberg

View of the Main river ▷
showing the city's towers.

Partie du Main avec vue sur les
tours de la ville.

On the Old Main Bridge
Sur le Vieux Pont du Main

Neumünster facade (1710–1719) created by Josef Greising ▷
and Johann Dientzenhofer.
Decorative figures by Jakob von der Auvera.

Façade de la Neumünster (1710–1719) de Joseph Greising
et Johann Dientzenhofer
décorée de statues de Jakob von der Auvera.

◁ *St. Kilian's Cathedral. Below, the two tomb-stones by Tilman Riemenschneider. Left, Lorenz von Biobra. Right, Rudolf von Scherenberg*

Le Dôme St Kilian; en bas les deux tombeaux de Tilman Riemenschneider à gauche: Lorenz von Bibra. A droite: Rudolf von Scherenberg

The interior of St. Kilian's Cathedral

L'intérieur du Dôme St Kilian
Active animation devant la Marienkapelle et la Falkenhaus.

Romantic view from the Hofgarten towards the cathedral towers
Vue enchanteresse du Hofgarten vers les tours du Dôme

◁ *Silhouette of city towers by night*
  Silhouette des tours de la ville de nuit

19

Lusamgarten with the tomb of Walter von der Vogelweide
Lusamgarten avec tombeau de Walther von der Vogelweide

Top left: The Fortress by night. ▷
Top right: Church of St. Burkard
Bottom left: St. Kilian's and the Marienberg Fortress
Bottom right: Franconian Well

En haut à gauche: Forteresse by Night
En haut à droite: Eglise St Burkard
En bas à gauche: St Kilian avec forteresse Marienberg
En bas à droite: Fontaine Franconia

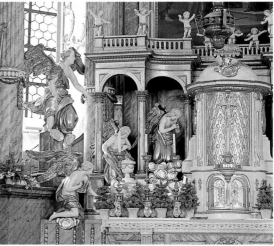

The beautiful facade of the Käppele by night
Ornaments de la façade du Käppele de nuit

◁ *Chapel of pilgrimage – "-Käppele"*
 Bottom left: The high altar of the chapel
 Right: Beautiful detail of the high altar

 Chapelle de pélérinage "Käppele"
 A gauche en bas: le maître-autel de la chapelle
 A droite: détail magnifique du maître-autel

The Fortress of Marienburg

This is the oldest and by far the most easily visible city landmark and its former title gave Würzburg its name. Fragments and other material from graves suggest that the Celts were here possibly before the year 1000 B. C. and that they erected a protective wall containing a place for the practice of their cults. In the 6th century A. D. the Franks took both the hill and the surrounding area into their possession. It is probable that precisely on this ancient place of cult workship a mountain church to the honour of Our Lady was erected. Thus, this the oldest part of the fortress is at the same time also the site of one of the earliest Christian churches on this side of the Alps and an architectural treasure of inestimable historical importance both for the city and the region.

At the turn of the 13th century the building of the first extended fortification began. Repeatedly extended and modified, it remained almost constantly the seat of the bishop princes until the year 1719, but, at the same time, was a protective "shield" against the constant rebellions of the people in their struggle for imperial freedom for the city. It was continually extended and reinforced and managed to repulse a great many enemy assaults until, in 1731, it was finally taken. Johann Philipp von Schönborn and his followers extended the fortifications several times to their present proportions, a fortress that had in the meantime become an imperial one without at the same time making a fortress of this kind superfluous. The 19th century saw the deterioration of this once unique witness to the might of Franconian dukes and bishops into a poor block of rented property. It was only in the 20th century that a sense of historical inheritance began again to awaken feelings of responsibility for ancient monuments, and as a consequence the restoration of the immense complex was commenced with the aid of considerable state funds which at least made part of the building accessible to the public. The hail of bombs which fell on the 16th March, 1945 interrupted this worthwhile work. Since that time, the Bavarian administration has been active in maintaining state castles, gardens and lakes in the most economical way from the millions put at its disposal by a sympathetic Landtag and by employing the very best expertise and in this case by securing and restoring this historical complex of buildings. The fact that, at the same time, a modern use had to be found for the buildings was of special concern to the state. If, by the end of the century, the former bishops' residence in the Fürstenbau (Prince's Building) can be appointed in the way they used to be to make sumptuous rooms worthy of a museum and, finally, the crumbling walls of the bastion can be restored, the whole will have cost roughly 50 million marks.

La citadelle Marienberg

On la voit de loin, elle est le symbole le plus vieux de la ville et lui donna son nom de l'ancienne dénomination Würzberg. Des traces de vieux tombeaux et des tessons laissent conclure que déjà les celtes avant 1000 ans av. J. C. se servaient de la colline comme refuge et lieu de culte. Au 6ème s. les Francs prirent possession de la région. Exactement sur le lieu du culte fut édifiée une église en l'honneur de la Ste Vierge. C'est ainsi que cette partie de la citadelle est en même temps une des plus anciennes églises chrétiennes de ce côté des Alpes et un monument d'une valeur inéstimable pour la ville et le pays.

En 1150 la montagne se nomme encore Altwürzburg, puis montagne de Nôtre-Dame et finalement Marienberg, pendant que le nom Würzburg reste seulement pour la ville dans la vallée. Au début du 13ème siècle on érigea un premier châteaufort. Ayant été modifié et élargi, il servit de domicile épiscopal presque sans interruption jusqu'à 1719 ainsi qu'en tant que protection contre les citoyens récalcitrants de cette ville qui s'éfforçaient d'atteindre la liberté impériale. Il brava, continuellement élargi et fortifié, nombreux assauts ennemis, jusqu'à ce qu'il fut conquis pour la première fois en 1731. Johann Philipp von Schönborn et ses successeurs continuèrent les fortifications du château qui entre-temps devint forteresse impériale, sans que le cours du temps se serait arrêté qui ait rendu obsolète de telles forteresses. Pendant le 19ème siècle, cet unique symbole du pouvoir épiscopal et ducal franconiens devint une misérable caserne. C'est seulement au 20ème siècle qu'on se rappela des obligations historiques et on commença la reconstitution de cet immense ouvrage, qui avec des moyens considérables de l'état, fut rendu accessible au public, du moins en partie.

Le bombardement du 16. 3. 1945 interrompt ce développement méritoire. Depuis, l'Administration Bavaroise des Châteaux, Jardins et Lacs se donne la peine de sauver et reconstruire cet ouvrage historique, en se servant économiquement des sommes de millions qui ont été mises à sa disposition par le compréhensif parlement bavarois.

L'usage adéquat était une des conditions du bailleur de fonds publics. Entre-temps y ont trouvé place: le Musée Franconien appartenant à la ville, avec de nombreuses œuvres de Tilman Riemenschneider, des parties des Archives d'Etat, une taverne dans le Hofstubenbau et un petit centre de Congrès tout équipé. Si jusqu'à la fin de ce siècle les anciens appartements épiscopaux seront aménagés en salles de musée et enfin les remparts et bastions sauvés de l'éffritement, on aura dépensé près de 50 millions de DM pour la reconstruction et la sauvegarde de cet ouvrage.

The mighty proportions of the Marienburg Fortress
Les vastes dimensions de la forteresse Marienberg

View of the Fürstengarten (Prince's Garden)

Vue du Fürstengarten (jardin des princes)

View of Kiliansturm, Scherenberg Gate and Pferdeschwemme
Vue de la tour de St Kilian, Porte de Scherenberg et gué aux chevaux

Top left: Echtertor ▷
Top right: Kiliansturm with Halsgraben
Bottom left: Marienkirche interior
Bottom right: Renaissance well

A gauche en haut: Porte d'Echter
A droite en haut: tour de St Kilian et Halsgraben
A gauche en bas: Intérieur de l'église Ste Marie
A droite en bas: la Fontaine Renaissance

The Fortress above the vineyards
La forteresse au-dessus des vignobles

◁ *Marienkirche with covered well in the foreground*
  Marienkirche; au premier plan la maison de la fontaine

The Main-Franconian Museum

After the old museum building had been completely destroyed in 1945, the Main-Franconian Museum found a new home in the former arsenal and in the re-constructed Echter-Bastion (1605) in the year 1947. The former arsenal, once filled with weapons, has now become an "arsenal" of Franconian art. The museum has to thank Würzburg's citizens' eagernness collecting for its coming into being and it remains an institution within the city. Notwithstanding, it is more than a municipal reflection of history, as its name suggests. It is a regional museum for Lower Franconia, a museum portraying the history of the former collegiate and the bishopric of Würzburg. From the rich treasure which Franconian artists and those producing for Franconia as well as that left by brilliant artisans of the past one finds an abundant and at the same time characteristic selection of art within its walls testifying to the great artistic epoques in Würzburg and Main-Franconia.

The nucleus of the museum consists of a unique collection of the works of Tilman Riemenschneider who created a rich tradition in Gothic sculpture in Franconia which concluded the last, mature era of such art. Grouped around the famous sandstone figures of Adam and Eve there are depictions of the saints either fashioned by him or by his studio.

Within the copious halls of the arsenal and under the arches of the Echter-Bastion fraught with history one discovers witness to human activity over many centuries, works that were once homeless in the course of time or threatened by aging or indifference which have now found a permanent, caring home. "History has found a home in history here" President Theodor Heuss once said on one of his many visits a few years after the museum's inauguration.

Le Musée Franconien du Main

Après que l'ancien bâtiment du musée fut complètement détruit en 1945, le Musée Franconien trouva un nouveau domicile depuis 1947, dans le bastion d'Echter (construit en 1605) et dans l'Arsenal baroque. L'Arsenal de la citadelle autrefois plein d'armes est, depuis, devenu un paisible musée plein d'objects d'art franconien du Main. C'est au zèle des collectionneurs Würzbourgeois que le musée doit sa naissance lequel est encore aujourd'hui une institution de la ville. Mais c'est plus qu'une collection d'histoire de la ville; c'est – comme dit le nom – le musée du Land Basse Franconie, musée historique de l'ancien haut chapitre et de l'évêché de Würzburg. C'est ici que se trouve un précieux choix varié et en même temps caractéristique de ce que des artistes et artisans franconiens ont créé dans la passé pour témoigner des grandes époques de l'art à Würzburg et en Franconie du Main. Son principal attrait en est la grande et unique collection des œuvres de Tilman Riemenschneider avec lesquelles il termine la tradition florissante des plastiques gothiques en Franconie du Main. Autour des célèbres statues de grès d'Adam et Eve se regroupent les Saints créés de sa propre main ou par son atelier.

Protégés dans les vastes halls de l'Arsenal dans les voûtes du bastion Echter, des témoignages de créations humaines de plusieurs siècles, n'appartenant à personne, menacés par le temps et l'incompréhension indifférente, ont trouvé abri ici. "Ici, l'histoire s'est nichée dans l'histoire" disait le président de la République Fédérale Theodor Heuss lors d'une des ses nombreuses visites du musée, quelques années après son installation dans l'ancienne citadelle.

The wine-pressing hall
Le pressoir

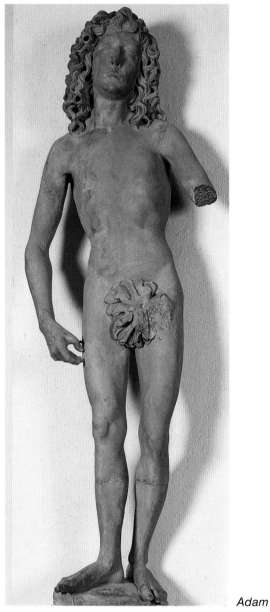

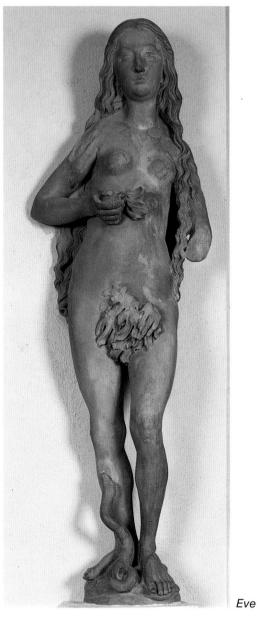

Adam

Eve

Sandstone and wood figures (Tilman Riemenschneider)

Statues en grès et en bois de Tilman Riemenschneider

Top left: Anna Selbdritt ▷
Top right: St. Barbara
Bottom left: St. Stephen
Bottom right: The bound hands of St. Sebastian

A gauche en haut: Ste Anne Selbdritt
A droite en haut: Ste Barbara
A gauche en bas: St Stephane
A droite en bas: Les mains liees de St Sebastien

34

The Residence at Würzburg

The History of the Building

On his election in 1719, Johann Philipp Franz von Schönborn signed to the effect that he would permanently transfer his court to Würzburg. The cathedral chapter felt that in this way it could considerably reduce costs. The episcopal residence built by Antonio Petrini at Rennweg was apparently not habitable because of damage, but probably not good enough for the requirements of a Schönborn, and was pulled down forthwith. Naturally, as a consequence of this, the building plans of His Majesty were initially seriously jeopardized. Then, as the result of the trial for embezzlement against Jakob Gallus, his predecessor's treasurer, the gigantic sum of 600,000 guilders fell into his hands, an amount that today would correspond probably to more than 50 million marks! Full of enthusiasm, the uncle of the prospective builder, Lothar von Schönborn, the great prince and bishop, Kurfürst von Mainz and Reichskanzler, wrote to his nephew, Friedrich Karl in Vienna: "Our Phil the Würzburger has dug up treasure – off we go with new building plans."

Johann Philipp Franz, stricken by an intense desire to build in exactly the same way as his great uncle, did not wait long before he commissioned a newcomer with the first plans. Balthasar Neumann had been in the service of the bishops since 1714. He hailed from Eger, was journeyman in stucco work and a bell-founder, had taught himself geometry and surveying as well as architecture and in 1718 was engineer and artillery captain. Johann Philipp Franz, who, like all educated people of the time, regarded himself as a great architect, felt instinctively sure that the then unknown 32 year-old Neumann had the talent and unique genius for the job. Despite the lack of a complete plan (for 20 years the basic construction was constantly modified) the impatient bishop had the foundation stone laid at Nordoval on 22nd May, 1720, and was to be seen on the building site every day from that moment on. In 1723, Neumann went off to Paris in order to enquire of the "gods of architecture", Robert de Cotte and Germain Boffrand, about contemporary tastes. An uncle, Lothar Franz, sent his court architect, Maximilian von Welsch from Mainz. The younger brother, Friedrich Karl and later prince and bishop of Würzburg, sent the renowned Lucas von Hildebrand from Vienna to Würzburg. The result was a regular planning and building collective. Only Neumann managed to keep a clear head about how the project should look as a whole in all the wrangling about how things ought to be carried out, and finally was able to forge a basic conception: two four-winged complexes each around two inner courts connected by a central tract which appears to be lower. In 1744, under the second successor of the first bishop, his brother, Friedrich Karl von Schönborn, who had taken part in the planning from the very beginning, the huge building was finally constructed. However, it took a further twenty years under the direction of Adam von Seinsheim before the interior, carried out in an earlier classical style, was more or less brought to completion. In 1805, archduke Ferdinand von Toskana had the former bishop's rooms in the south wing changed in style to the "empire style" of the times.

On the 16th March, 1945, the Residence collapsed in a heap of rubble. When the fire had been put out and the smoke cleared, both wings were burned to the ground. Only the central tract, thanks to the Neumann's brilliant arch construction, had remained more or less unscathed.

The U. S officer in charge of protecting works of art, John D. Skilton, and a small host of Würzburg men managed to save the Tiepolo frescos and Bossi's superb Rococo stucco from vanishing for ever by erecting a temporary roof.

A far-sighted Bavarian administration concerned with state castles, gardens and lakes begun had long before the catastrophe to remove the valuable interior furnishings to a safe place, so that more than fifty per cent could be saved. Restoration work, which began soon after 1945, will probably consume more than 30 million marks. The work is a unique witness to the meticulous planning of commissioned state authorities and the re-awakening of Würzburg's artistic artisan work in all its masterly ability.

Even 18th century contemporaries were full of praise for this magnificent building. Maria Theresa called the Residence "the mansion of mansions" when she stayed overnight here on her way to Frankfurt on the occasion of the imperial crowning of her husband. Napoleon I on his first visit to the Residence scoffed at it, but at the same time full of admiration declared it to be the "most beautiful vicarage in Europe".

It is understandable, then, that UNESCO in its document of the 5th January, 1982 included the restored Residence, its square and court garden in its so-called "List of the World's Inheritance" and thus placed this inestimable "international" building under its special protection.

La Résidence de Würzburg

L'histoire de la construction

Lors de son élection épiscopale en 1719, Johann Philipp Franz von Schönborn signa un pacte qui lui imposait le transfert de sa Cour dans la ville. Le chapitre espérait ainsi faire d'importantes économies. Le petit château au Rennweg qui fut construit par Antonio Petrini sur l'ordre de l'évêque Johann Philipp Greiffenclau fut détruit sans hésiter, prétendument non aménageable à cause de délabrements, mais plutôt parce qu'il n'était pas à la hauteur d'un Schönborn. Les plans de construction du Prince-Evêque causèrent tout d'abord des problèmes financiers insurmontables. Mais lors d'un procès de fraude contre Jakob Gallus, trésorier de son prédécesseur, l'immense somme de 600 000 florins, soit la valeur actuelle de plus de 50 millions de DM lui tomba entre les mains. Plein d'enthousiasme, l'oncle du maître-d'œuvre, Lothar Franz von Schönborn, le grand Prince-Evêque, Electeur de Mayence et Chancelier de l'Empire, écrivit à son autre neveu Friedrich-Karl à Vienne: "Notre Lippsi le Würzbourgeois a trouvé un trésor – que l'architecte se dépêche –"

Johann Philipp Franz, fasciné par la construction, ne tarda pas à charger un jeune homme des premiers plans: Balthasar Neumann était aux ordres de l'évêché depuis 1714. Le compagnon fondeur, né à Eger, avait appris, seul, la géométrie, l'arpentage ainsi que l'architecture et déjà en 1718 il était ingénieur et capitaine d'artillerie.

Johann Philipp Franz, qui s'est pris pour un grand architecte, lui-même, d'ailleurs comme tous les gens cultivés d'antan, remarqua instinctivement le talent et le génie de ce Neumann qui avait 32 ans et qui n'était pas encore connu. Malgré un plan incomplet – il fut modifié plusieurs fois pendant les 20 ans de la construction – le maître-d'œuvre impatient fit poser la première pierre dès le 22. 5. 1720, et depuis il fut présent, chaque jour, sur le chantier. En 1723 Neumann alla à Paris pour consulter les "Dieux de la construction" Robert de Cotte et Germain Boffrand, au sujet de la dernière mode architecturale. L'oncle Lothar Franz envoya son architecte de la cour Maximilian von Welsch de Mayence. Le frère cadet, Friedrich-Karl, futur Prince-évêque de Würzburg, envoya le fameux Lucas von Hildebrandt de Vienne à Würzburg. Une vraie collectivité de planning et construction fut établie. Seul Neumann garda la vue d'ensemble dans les conflits d'opinions et d'imaginations, et finalement réalisa la conception du début: deux bâtiments à quatre ailes groupés autour de deux cours intérieures, reliés avec une aile centrale qui paraît plus basse.

L'immense ouvrage fut terminé en 1744. Mais encore plus de 20 ans passèrent jusqu'à ce que l'aménagement intérieur en style néo-classique fut provisoirement terminé par Adam Friedrich von Seinsheim. En 1805, le grand duc Ferdinand de Toscane fit changer les chambres de l'aile sud en style empire.

Le 16. 3. 1945 la Résidence aussi tomba en cendres. Après l'incendie, les deux ailes latérales étaient brûlées jusqu'aux murs de fondation. Seule l'aile centrale resta pratiquement intacte, grâce aux voûtes de l'ingénieur Neumann.

L'officier américain John D. Skilton et quelques hommes de Würzburg sauvèrent à temps les fresques de Tiepolo et les stucs magnifiques de Bossi en posant une toiture provisoire.

Longtemps avant le désastre, l'Adminstration Bavaroise des Châteaux, Jardins et Lacs avait commencé à transporter l'aménagement mobile de l'intérieur en lieu sûr, dont la moitié a pu, ainsi, être sauvée.

Les travaux de reconstitution qui commencèrent peu après 1945. Ils furent provisoirement achevés en 1987, avec la reconstruction du Cabinet des miroirs, célèbre dans le monde entier, et ont englouti jusqu'ici 35 millions de DM. C'est un témoignage unique d'une planification soignée des administrations et de l'artisanat de Würzburg dans toute sa perfection.

Déjà les contemporains du 18ème siècle étaient pleins d'éloges pour cet édifice unique: Marie-Thérèse appela la Résidence "un château au-dessus de tous châteaux" lors d'une nuit passée ici pendant son voyage à Francfort. Avec moquerie et en même temps plein d'admiration Napoléon 1er la nomma la "plus belle cure d'Europe".

Cela va presque de soi que l'UNESCO, par document du 5.1.1982, mit la Résidence avec sa place et son jardin sur la "liste du patrimoine mondial" et ainsi plaça "ce bien culturel unique" sous une protection particulière.

The Ehrenhof

Prince and bishop Friedrich Karl von Schönborn (1729-46), in accordance with plans drawn up by the Viennese architect, Lucas von Hildebrandt, marked off the **Ehrenhof** by installing a splendid wrought-iron gate flanked by slim pyramids, the work of the great rococo smith, Johann Georg Oegg. Of the numerous very large figures once ornamenting the columns of the "great ironwork" only two remain. The rest have been lost to posterity. The loss occured when crown prince Ludwig of Bavaria decided in 1821 that the **Ehrenhof** gate looked too much like a "prison" entrance and had it dismantled and sold as scrap iron for a stipulated price per kilo.

In 1896 the citizens of Würzburg contributed funds for the installation of the Franconian Well, designed by Prof. Gabriel von Seidel of Munich and which at least provided a satisfactory optical border to the courtyard. The bronze figures were created by the well-known brass-founder, Ferdinand von Miller. Tilman Riemenschneider, the wood sculptor, Walther von der Vogelweide, the minstrel, and the painter Matthias Grünewald, Franconia's most famous sons, sit around the well's central pillar, while above, Franconia herself, the patroness of these parts, looks down in majesty.

La cour d'honneur

Le Prince-évêque Friedrich Karl von Schönborn (1729–46) fit délimiter la cour d'honneur par une magnifique grille, d'après des plans de l'architecte viennois Lucas von Hildebrandt. De sveltes pyramides flanquèrent le portail d'entrée en fer forgé, œuvre du grand forgeron rococo Johann Georg Oegg. Il ne reste que deux des nombreuses énormes statues ornant la grande grille. Tout le reste se perdit lorsque le Prince-héritier Ludwig de Bavière, en 1821, trouvant que la grille "faisait trop prison", la fit démonter et vendre au kilo à la ferraille.

Pour avoir au monis une délimitation optique, les citoyens de Würzburg offrirent, en 1896, la Fontaine Franconia, dessinée par le professeur Gabriel de Seidel, de Munich. Les statues en bronze sont du célèbre sculpteur Ferdinand de Miller: autour du bassin central sont groupés, Tilman Riemenschneider (sculpteur), Walther von der Vogelweide (minnesänger) et Matthias Grünewald (peintre), trois des plus célèbres Franconiens, surmontés par Franconia, la patronne de cette partie du pays.

The Court Garden

With an instinctive feeling for style, Neumann placed the immense Residence building so that the central axis of the **corps de logis** faced east towards the city citadel which had long been there. This fact precluded from the first the type of garden layout with canals and paths towards the horizon in the French manner.

It is clear that at first every effort and all the money was put into completing the huge building itself. In 1770, under Bishop Adam Friedrich von Seinsheim, the Bohemian Johann Prokop Mayer began with planning and laying out the garden. Although the English garden style was predominant, Mayer set out garden sections which either lay parallel, cut across one another or were an angles in strict geometrical design but towards the southwest in the English style. The result was a perfect synthesis of artistic garden layout of a century which not only nicely complemented Neumann's unique mansion building, but at the same time emphasized it.

Over the last fifty years it has been the task of a sensitive department of the administration responsible for the upkeep of castles, national gardens and lakes in Bavaria and aware of its high commitment to ancient monuments to rectify the ravages and neglect of the garden perpetrated during the 19th century and maintain the whole with constant appropriate regenerations so that Mayer's genius may still be recognised.

On the garden balustrades one finds a great number of Savoyan cherubs, Chinese and Moorish children, together with the vases and cartouches of classical work which come from the studio of Johann Peter Wagner.

Three gates lead out of the garden; these are the work of that **king of smiths**; Johann Georg Oegg and his son, Georg.

Les jardins de la cour

Avec son talent inné, Neumann avait situé l'immense bâtiment de la Résidence de sorte que l'axe central du Corps de logis vise à l'est la pointe du bastion de la ville depuis longtemps existante. Ainsi est éliminée d'emblée l'idée d'un parc à la française avec des canaux et des allées allant jusqu'à l'horizon.

Il est donc concevable que tout d'abord on investisse toute l'énergie et tous les moyens dans l'achèvement de cet immense château. Sous le règne du Prince-évêque Adam Friedrich von Seinsheim le Bohémien, en 1770, Johann Prokop Mayer commença enfin les plans et la réalisation des jardins: bien que le style anglais était seul dominant, J. P. Mayer aménagea un jardin avec des espaces s'entrecroisant dans des formes géométriques strictes allant jusqu'au style anglais, dans la partie du sud-ouest. Le résultat fut une synthèse parfaite de l'art du dessin des jardins de tout un siècle, qui non seulement complète le château de Neumann mais qui quasiment le souligne.

Les dernières 50 années, le Département des jardins, de l'Administrations Bavaroise des Châteaux, Jardins et Lacs qui s'engage de manière sensible et importante dans la protection des monuments a défriché le jardin qui était à l'abandon pendant le 19ème siècle et le soumit à une régénération continue, qui fait clairement ressortir l'œuvre géniale de J. P. Mayer. Sur les balustrades du jardin et le long des perrons magnifiquement arqués s'ébattent encore une ribambelle d'enfants savoyards, chinois et Maures qui, ensemble avec des vases et cartouches sont des œuvres néo-classiques du talentueux J. P. Wagner et de son atelier.

Trois portails mènent au jardin provenant de l'atelier du "roi des forgerons" Johann Georg Oegg et de son fils Georg.

"The mansion of mansions"
"Le château qui surclasse tous les châteaux"

The south garden of the Residence ▷
Jardin sud de la Résidence

Ehrenhof with Franconian Well
Cour des honneurs (Ehrenhof) avec Fontaine Franconia

Hofgartentor (Johann Georg Oegg) ▷
Porte du jardin de la Cour de Johann Georg Oegg

The southern facade by evening light
Façade sud au crépuscule

◁ *Eastern part of the garden of the Residence showing the imperial pavilion*
Vergers avec pavillon impérial

The Garden Room

Neumann's extraordinary talents are reflected in the construction of the Garden Room. Within a relatively low space he placed a row of slender columns and over these "tent poles" he draped an open garden tent which – and this was of the greatest importance to the concepts of the time – even in an enclosed area also gave view to the open sky. J. Zick in 1750 painted the ceiling fresco which, even on first completion did not "run". The desired result for the courtly taste of the time was fine portrayal and this led in turn to the commission going to the Venetian prince of painters, Tiepolo, to plan and erect both staircase and Imperial Room. The piece is a magnificent depiction by the Italian A. Bossi.

La salle du jardin

Le talent extraordinaire de Neumann se manifeste aussi dans la réalisation de la salle de jardin, (salle Terrena). Il pose une rangée de colonnes sveltes dans la pièce relativement basse sur lesquelles il drape un chapiteau qui – très important pour l'imagination de l'époque – permet, même dans une pièce close, une ouverture au ciel.
En 1750, Johann Zick créa les fresques, qui à peine finies "ne répondaient plus au goût de l'époque". On désirait une élaboration plus fine qui correspondait au goût courtois. C'est ainsi qu'on engagea G. B. Tiepolo, roi des peintres vénitiens pour la décoration des escaliers et de la salle impériale. Le stuc est une œuvre magnifique de l'italien A. Bossi.

The Staircase

The vestibule and stairway with their huge proportions and daring construction were sensational for the times. According to the concepts of the first builder, Johann Philipp Franz von Schönborn, there was to be a horseshoe – shaped stairway beginning on either side of the vestibule leading upwards. After Neumann's visit to Paris and on recommendation from de Cottes, one of the two staircases was struck from the plans and the remaining one was extended to a five-naved construction above which three flights of steps lead to the top, each wing with two landings and, at the top, complete freedom to walk around the first storey. Neumann's unique contribution consisted of the elimination of an originally planned upper ring of supports and the implementation of a self-supporting group of portal-like arches. According to an anecdote, Lucas von Hildebrand, the great Viennese architect and Neumann's rival, when hearing of the plans for the staircase, declared that if the whole lot held together he would "hang himself at his own expense" from one of the arches. As a rebuff to this Neumann had an artillery battery let off a salvo from beneath those same arches. At any rate, the stairway together with the arches 18 x 30 metres in length withstood the storm of bombs which rained down upon it in 1945, remaining practically intact. Instead of stair walls constructed at the time of Bishop Seinsheim and the somewhat stiff effect produced by the balustrades, arcade arches were introduced whose curves overlapped one another together with lively wrought-iron work produced by Oegg. But it's present-day appearance is also of a quite particular charm since, as we ascend, we are not aware of the flanking limits of the immense arches and so it seems as though we are rising into an infinite heaven.

L'escalier

Le vestibule et l'escalier avec ses dimensions énormes et sa construction audacieuse étaient une sensation de ce temps. D'après les plans du premier maître-d'œuvre – Johann Philipp Franz von Schönborn – des escaliers en forme de fer à cheval devraient monter des deux côtés du vestibule. Après la visite de Neumann à Paris on élimina un des deux escaliers et l'autre fut transformé en construction de 5 nefs avec escaliers à trois parties, palier et déambulatoire au premier étage.
L'exceptionnelle performance de Neumann fut d'éliminer l'ensemble des piliers de soutien du haut et de construire des voûtes en encorbellement. D'après une anecdote, Lucas von Hildebrandt, le grand architecte viennois et rival de Neumann, voulait "se faire pendre à ses propres frais" sous les voûtes, si tout cela tiendrait. En contre-partie, Neumann offrit d'y faire tirer une batterie de canons. En tout cas, l'escalier y compris les voûtes, grandes de 18 x 30 m, ont survécu au bombardement du 16. 3. 1945 presque sans endommagement. Au lieu des murs d'escaliers et des balustrades un peu raides, construite sous le Prince-évêque Seinsheim, il faut s'imaginer des arcades ouvertes dans des courbes qui s'entrecoupent et des grilles filigranées de J. G. Oegg. Mais la forme actuelle possède aussi un charme particulier: en remontant les escaliers "commodes" on ne s'aperçoit presque pas des côtés des voûtes et ainsi on avance quasiment vers le ciel infini.

The Garden Room with ceiling fresco by Johann Zick, 1750 ▷

Salle du jardin avec fresques au plafond de Johann Zick, 1750

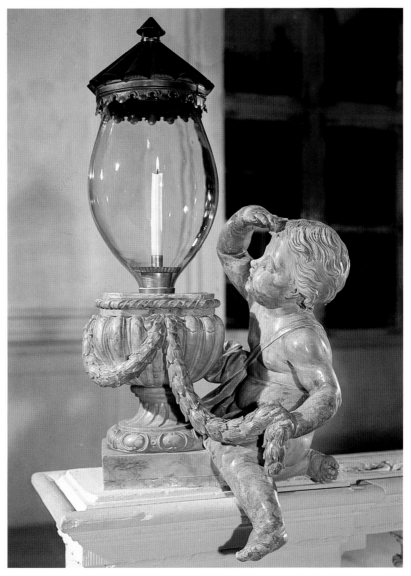

Lantern putto by J. P. Wagner
Putto en forme de lanterne de J. P. Wagner

◁ *View through the stairway*
　Vue de la cage d'escalier

The Frescos of Giovanni Battista Tiepolo

When, in 1746, Karl von Schönborn died, the huge building was complete, the second bishop's appartment in the south wing and the Hofkirche were also finished, but, on the other hand, the great hall next to the staircase was still under construction. The bishop's successor, Anselm Franz von Ingelheim, was only interested in making money. Neumann was dismissed and the remaining work on the Residence ceased forthwith. It was not until Carl Phillip von Greiffenclau became bishop in 1749 that work was taken up again with a will and Neumann was reinstalled to direct the work on the final completion of the interior. Tiepolo, the "great Venetian" as he was called by contemporary artists, came to Würzburg to reach the very peak of his creative resourcefulness.

It is probable that from the very first right up to today the exact significance has been sought for this unique piece of art and this will almost certainly remain true for the future. One thing is sure: Tiepolo portrays in his own inimitable way numerous "histories" of the times which stimulate the imagination of every visitor to discover more. The workings of the world are dominated by Apollo the god of the arts and sciences who is sending his messenger, Mercury, to the court at Würzburg – the hub of Europe – and who carries a torch of divine inspiration for the "good prince" depicted here in a medaillon portrait of Fürstbischof Greiffenclau in person who was to disseminate his wisdom from Europe, the nursery of knowledge, troughout the world, especially to faraway places such as the wild Americas where the Greiffenclau standard had already been planted in hopeful anticipation.

As to the Imperial Room (Kaisersaal), it is probable that Tiepolo had already received a precisely delineated plan in Venice. It was to show the history of the prince-bishops, and as soon as he arrived in Würzburg in 1750 he began work on it. Tiepolo's genius again shines through its presentation. The events of 1156 are projected as an event to remember from history, for a moment issuing from the sombreness of a church or a stairway and once more quite left to the imagination of the observer. Who was speaking in 1750 of the long-departed imperial line of the Staufers which were described towards their end by one pope as "a clan of vipers"? And yet, here is this giving of a dukedom in 1168; it reposes there for eternity among joyous arcades. Who would have thought in 1759 that, more or less fifty years later the power and glory of the prince bishops would also come to an end? Thus, on this ceiling Tiepolo gave warning to all the mighty of this world.

Les fresques de Giovanni Battista Tiepolo

En 1746, lorsque Friedrich Karl von Schönborn – le 3ème de sa lignée sur le trône épiscopal – mourut, l'immense bâtiment était quasiment fini, le second appartement de l'évêque dans l'aile sud et l'église de la Cour que les grandes salles et l'escalier se trouvaient toujours à l'état de gros-œuvre. Son successeur, l'évêque Anselm Franz von Ingelheim, ne pensait qu'à "faire de l'or". Neumann fut renvoyé, la construction de la Résidence fut arrêtée. C'était seulement sous le Prince-évêque Carl Philipp von Greiffenclau en 1749 qu'on recommença vigoureusement l'aménagement intérieur final, à nouveau sous la direction de Neumann.

Après avoir signé un contract approprié, G. B. Tiepolo arriva à Würzburg en 1750, pour atteindre le point culminant absolu de son activité créatrice. Pour les voûtes des escaliers Tiepolo fut chargé de peindre une image du monde en "glorifiant" l'évêque règnant en tant que mécène. Dès lors jusqu'à nos jours on a essayé d'interpréter cette œuvre unique, et on le fera encore à l'avenir. Ce qui est sûr c'est que Tiepolo raconte des "histoires" du monde d'antant d'une manière incomparable, qui mobilise l'imagination de chaque visiteur. Apollon, Dieu des sciences et des arts, qui règne sur le monde, envoye son messager Mercure à la Cour de Würzburg avec le flambeau de la Cognition Divine pour que le "bon prince" – portraitisé dans un médaillon – le transfère de l'Europe, à travers le monde, particulièrement en Amérique, sauvage et lointaine, où l'étendard des Greiffenclau est déjà hissé.

Pour la salle impériale, Tiepolo reçu déjà à Venise, un programme élaboré de l'histoire de l'évêché (1156, mariage de Frédéric Barberousse de Béatrice de Bourgogne à Würzburg – 1168 investiture de l'évêque avec la dignité ducale lors du Reichstag à Würzburg) – dont il commença aussitôt la réalisation dès son arrivée à Würzburg en 1750. L'événement de 1156 émerge de l'obscurité d'une église ou d'un escalier pour un instant selon l'imagination du contemplateur.

Qui parle maintenant, en 1750, encore de la lignée des Staufer, éteinte depuis longtemps, qu'un pape nomma "nid de vipères"? En face, la scène de l'investiture ducale de 1168, reposant éternellement en Arcadie.

Qui aurait préssenti en 1750 que 50 ans après le pouvoir et la gloire épiscopaux prennent fin?

Au plafond Tiepolo dépeint une scène qui prévient tous les grands de ce monde: seul le souverain impérial et juste reçoit du Dieu de toute bonté – Apollon – la richissime Bourgogne personifiée par la blonde Béatrice.

◁ *Balthasar Neumann's world-famous stairway with a view through to show the section "Europe"*
Cage d'escalier célèbre dans le monde entier de Balthasar Neumann avec vue sur le continent "Europe"

The section depicting "America"

Continent "Amérique"

Tiepolo's ceiling fresco seen as a whole ▷
Page 54: Detail (Tiepolo's fresco)
Page 55: Self portrait of the painter with his son, Domenico
Totalité des fresques de G. B. Tiepolo
Page 54: Détails des fresques
Page 55: Autoportrait du peintre avec son fils Domenico

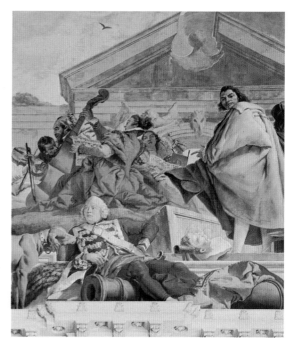

The White Room

The White Room is all in white as a conscious contrast to the splendid coulours of the stairway and the Imperial Room. There is, however, a certain blue and yellow toning. The unusually rich forms of plaster decorating the walls and ceiling are all practically in movement as though to detach themselves, a phenomenon which has long become widely known as "Würzburger Rococo" in the history of art. Antonio Bossi realised the crown of his achievement here. As the artist created his works as a free-lance stuccateur, it would be in vain to look for similar rocaille forms.

La Salle Blanche

Entre la somptuosité des couleurs des escaliers et de la salle impériale, il y a la salle blanche (Salle des Gardes), consciemment conçue comme un élément de séparation, décorée de blanc, bleu-clair et par-ci par-là d'un peu de jaune.
Le stuc particulièrement riche en forme, connu depuis longtemps dans l'histoire de l'art sous le nom de "Rococo wurzbourgeois", transforme les murs et les plafonds presques totalement dans des formes mouvementées. Antonio Bossi trouva ici le point culminant de son talent. Puisque l'artiste travaillait en suivant surtout sa libre inspiration, on ne trouve, de ce fait, aucune forme de rocaille identique.

The Imperial Room

It was taken for granted that every great builder should ensure that particular care and attention was accorded to the main hall or principal room. For a cleric and prince, committed to the ideals of the Holy Roman Empire, it was a matter of honour to dedicate such a room to imperial dignity. The Imperial Room at Würzburg is the perfect symbiosis of a uniquely gifted architect, Neumann, a universal genius like Tiepolo and the restless forms of Bossi's luxurious plasterwork.
On the west side, wide doors and reflecting artificial windows disclose the short main axis running into the White Room for the whole lenght of the building. Large windows above the balcony have the effect of bringing the space of the garden into the room. In the upper section, Tiepolo's frescos effectively lengthen the breadth of the structure. Anyone entering the building at various times of the day (best perhaps on a sunny winter morning) will immediately become aware that the room is dynamic with life. It is not that, primarily, the person of the emperor is being acknowledged here, but the medieval imperial idea of the indissoluble unity of worldly and spiritual sovreignty. (For the frescos, please refer to page 51). Bossi created the coat of arms of Bishop Greiffenklau to the window side of the room and that of Bishop Schönborn on the side facing them. The work above the doors is that of Tiepolo's son, Gian-Domenico.
Neumann's art in constructing arches and a merciful fate have given us this work of art in one piece as a testimony today of the brilliance of the 18th century. For several decades the world-famous annual **Mozart Festival** has taken place here and has harmonized with the magnificence of this room.

La salle impériale

Il était tout à fait évident que chaque maître-d'œuvre accordait attention et soin particuliers à la salle principale au centre du bâtiment. Pour un prince écclésiastique, qui était toujours attaché au St Empire Romain, il était un devoir d'honneur de nommer salle impériale une telle salle. La salle impériale à Würzburg est la symbiose parfaite d'un architecte d'un talent unique (Neumann), d'un peintre génial et cosmopolite (Tiepolo) et d'un stucateur enivré de formes frénétiques (Bossi). De larges portes et des miroirs en forme de fenêtres sur le côté ouest rallongent le court axe principal dans la salle blanche dans toute la profondeur du bâtiment. De grandes fenêtres transportent le jardin (au-dessus du balcon) dans la salle. Au premier étage les fresques de Tiepolo font disparaître l'axe longitudinal dans l'infini. Celui qui accède à cette salle, en différents moments de la journée, (le plus beau moment est par un matin ensoleillé d'hiver), reconnaît aussitôt sa vivacité dynamique. On ne fête pas en première ligne la personne de l'Empereur mais plutôt l'idée médiévale de l'Empire, unissant les pouvoirs séculiers et cléricaux (pour les fresques voir page 51). Du côté des fenêtres, A. Bossi créa les armoiries de l'évêque C. Ph. Greiffenklau, en face celles de l'évêque F. C. Schönborn. Les dessus de porte sont du fils de Tiepolo, Gian Domenico.
L'art des voûtes de Neumann et un sort bienveillant nous ont conservé intact ce chef-d'œuvre du 18ème siècle. Depuis plusieurs décennies, chaque année a lieu dans cette salle le festival de musique connu comme fête de Mozart dans le monde entier.

The White Room showing the work of Bossi (1744/45)
Salle blanche avec stucages de A. Bossi (1744/1745)

The Imperial Room – view to the northern section
Salle Impériale, vue dans la partie nord

Top: Emperor Friedrich Barbarossa bestowing dukedom on Bishop Herold of Würzburg ▷
Bottom: Emperor Barbarossa's espousal to Beatrice of Burgundy
En haut: l'Empereur Frédéric Barberousse inféode l'évêque Herold von Würzburg du Duché de Franconie
En bas: mariage de l'Empereur Barberousse avec Béatrice de Bourgogne

The Parade Room

For guests of rank and esteem so-called parade rooms were constructed in illustrious array to the left and right of the Imperial Room which Neumann, in keeping with the taste of the times, connected with a cleverly laid-out enfilade, row upon row of linking doors which give a view into a suite of rooms more than 160 m long. In 1945, these chambers were all but burnt out except for the furniture which was brought to safety just in time. Thanks to the efficiency of the salvagers and the photographic documentation recorded earlier in detail, these rooms could be restored gradually at a very high cost. Together with the original furnishings they present an excellent example of courtly appointment of the 18th century. Of interst is the rapid change of style which can very easily be seen here and which was carried out in the first half of the 18th century. The Imperial Rooms to the south – at the moment closed to visitors because of the restoration work being done on the hall of mirrors – were appointed between 1729 and 1746 during the rule of Friedrich Karl von Schönborn in the typical Viennese late Baroque style but also already fitted with the first Rococo forms. The northern Imperial Rooms were appointed between 1749 and 1754 under Prince Bishop Carl Phillip von Greiffenclau. The brown wooden panelling with its rich carvings cedes to the ecstatic work of Bossi in predominant white and gold.

Of special value are the wardrobes of C. M. Mattern and A. Roentgen as well as the Bruxelles tapestry depicting the battles of Alexander the Great. This last was already woven in 1700 to be hung in the bishop's appartment in the fortress.

The green lacquered room was a sensation even at the time of its creation. Far-eastern lacquer depictions are painted on the finest silver leaf and brushed on with green glazing. The splendour of this room suffered considerably after the fire of 1896 and was again greatly damaged in 1945. Complete restoration is impossible.

Instead of the first bishop's appartment to be found in the north wing and which had long since become superfluous, Prince Bishop Adam Friedrich von Seinsheim, Schönborn's nephew, had a series of parade rooms constructed in the new style of his time "à la grècque", that i to say, in the classical style. These, too, were consumed by flames in 1945 but have once more received their former brilliance since their reconstruction in 1979.

Les chambres de parade

Pour de hauts personnages, Neumann construit à droite et à gauche de la salle impériale toute une suite de chambres de parade, reliées par des portes qui permettaient une vue à travers toute l'enfilade, goût de l'époque. En 1945, ces lieux brûlerent presque complètement, sauf l'inventaire qui fut mis en sécurité à temps. Grâce à l'aptitude des concernés et d'une documentation photographique détaillée qui avait été faite à temps, ces lieux ont pu être reconstitués au fur et à mesure entrainant des frais importants. Ils sont, ainsi que les meubles originaux, un excellent exemple du style de l'habitation courtoise du 18ème siècle. On reconnaît nettement le remarquable changement de style de la première moitié du 18ème siècle. Les chambres impériales du sud ainsi que le cabinet des miroirs (v. page 68) reconstruit, de nouveau accessibles depuis 1987, furent aménagées en style baroque tardif pendant le règne de Friedrich Carl von Schönborn, 1729–46, mais aussi déjà avec les premières formes du rococo. Les chambres impériales au nord furent décorées et aménagées 1749-54, par le Prince-évêque Carl Philipp von Greiffenclau. Les boiseries marron richement sculptées s'éffacent devant les stucs frénétiques d'un Antonio Bossi, essentiellement en blanc et or.

D'une grand valeur sont les armoires de Carl Maximilian Mattern et de Abraham Roentgen ainsi que les tapisseries bruxelloises (bataille d'Alexandre le Grand). Ces dernières furent acquises dès 1700 pour l'appartement de l'évêque dans la citadelle. La chambre laquée en vert était déjà une vraie sensation dès sa construction.

Sur de l'argent en feuilles fines furent appliqués des laquages d'Extrême-Orient et vernissés en vert. L'éclat de cette pièce souffrit déjà en 1896 lors de l'incendie de la Résidence et fut gravement endommagé en 1945. Une restauration totale n'est pas possible.

Au lieu du premier appartement épiscopal dans l'aile nord qui était déjà superflu, Prince-évêque Adam Friedrich von Seinsheim, neveu des Schönborn, fit aménager une enfilade de chambres de parade dans le style, nouveau en ce temps, "à la grècque"; donc néo-classique. Elle aussi fut la proie des flammes en 1945 et restaurée depuis 1979 dans son ancienne splendeur.

Top: The first Alexander Room ▷
Bottom left: Painting from the Venetian Room
Bottom right: Writing desk (K. M. Mattern)

En haut: première chambre d'Alexandre
En bas à gauche: Panneau peint dans la chambre vénitienne
En bas à droite: Pupitre de K. M. Mattern

◁ *The ceiling fresco in the Imperial Room*
Fresque de la salle impériale

Napoleon's bed chamber
Chambre à coucher de Napoléon

Top left: Clock showing Chronos ▷
Top right: Columnar clock (Leopold Hoys)
Bottom left: Writing desk (A. Roentgen)
Bottom right: Writing desk (K. M. Mattern)

En haut à gauche: pendule avec Chronos
En haut à droite: la pendule de Léopold Hoys
En bas à gauche: le secrétaire d'A. Roentgen
En bas à droite: le secrétaire de K. M. Mattern.

The green lacquered room

Chambre verte laquée. Le plancher, magistralement reconstitué, est d'un charme particulier.

◁ *Room in green damask*
Chambre verte laquée

The mirror cabinet

Mirror rooms and halls of mirrors as well as mirror cabinets constitute one of the distinguishing features of the Baroque period and, as far as the appointments of German castle interior are concerned, also that of the Rococo era. Perhaps the first to furnish his castle with a "curiosity" of this kind was August the Strong, King of Saxony who at the end of the 17th century commissioned a room to be panelled and furnished with large mirrors on walls opposite to one another. The king's precious collection of porcelain was placed, in front of these mirrors articles which his court alchemist, Johann Böttger, created instead of the promised gold.

Friedrich Carl von Schönborn, who became prince and bishop of Würzburg in 1729, not only had the taste of completing the huge bishop's palace but also of setting the tone of its interior fittings. The creation of a mirror cabinet occupied his attention for years. The initial plans for this undertaking were put forward by Rudolf Byss, who had been employed by the Schönborns for decades and who enjoyed their complete confidence. However, Friedrich Carl very soon discovered that the now seventy-year-old Byss no longer possessed the creative force to bring something entirely new into being, and so it was that Neumann stepped in at this point. He drew the attention of the princes to the young Bossi, who at that time was engaged in decorating the White Salon and the Court Church with his stucco work and who was well known for his odd talent. In addition, Johann Wolfgang van der Auvera, employed in Byss' studio, was also mentioned as a possible candidate. Auvera was suddenly sent off to Vienna for further training. By 1740 everything was ready. Auvera showed the prince a table designed by himself and put together in all haste by the court craftsmen which displayed a new kind of glass top plate incorporating the so-called "eglomisé technique" named after the Frenchman, Glomy. Order was given to employ this new technique in carrying out the design of the walls. Bossi and his assistants were commissioned to ornament the ceiling and this was done in all haste as usual. The Byss pupils, Högler, Thalhofer and Urlaub executed the bizarre painting behind glass, the gilding and gold-plating as well as the silver-plating of the mirrors following Auvera's design. Work was carried out at a tremendous pace and was completed as early as 1745.

What in fact came into being can hardly be described. Perhaps it would be best to return for a moment to what preceded it historically. In this year, 1745, **Maria Theresia** rode to Frankfurt to elect the emperor. She had long since forgiven the once trusted Friedrich Carl who had, against her will, retired from the imperial court to Würzburg. Besides this, her womanly curiosity drove her to enquire what had become of the building of the prince's palace which Johann Philipp Franz had begun as **"almost too great an idea"**. On impulse she stopped off in Würzburg halfway to her destination. Friedrich Carl received her with great honours. But what a disappointment! The reception hall, the huge sweep of the staircase, the future imperial room and more than half of the planed parade room were still under construction. The distinguished visitor was somewhat put off. It was clear that the good bishop had bitten off more than he could chew and the immensity of the palace could probably never be adequately furnished. After dinner, her host accompanied her to her rooms and then, to her delight she found that the door to a neighbouring room was open and trough it she saw that a small cabinet was brightly lit. Maria Theresia, who lacked for nothing in that which was costly, original and unique at home, stood amid the sparkling, glimmering light and infinite perspectives of rooms upon rooms and was **spellbound**. It was at this point that she uttered her famous remark: "Surely this is the palace of palaces!"

On the night of the 16th March, 1945, a night of terror, this artistic marvel, too, fell into rubble. It was considered impossible to reerect such an architectural wonder. However, by studying documentation material very carefully, including photographs, colour slides and an water-coulour painted by the Munich court painter for that legendary king, Ludwig II, and long years of trying out techniques and seeking for others lost in the past, reconstruction could at last begin in 1979. A considerable contribution in this direction was made by the talented Würzburg artist and painter, Wolfgang Lenz, and a small army of craftsmen who, during restoration work elsewhere within the Residence had become consummate masters of their profession. Since October, 1987, the bishop's palace has once more been accessible to the public and so it is that everyone can see for themselves what was of concern to those 18th century German princes of the church. They sought and created a world of the irrational, a world in which the individual stands in the centre, **"Le monde – c'est moi"**.

Fifty years after its completion, the storm of the French Revolution swept away this princedom in all its glory and the social structure allied to it.

Mirror cabinet ▷
Cabinet des miroirs

Le cabinet des miroirs

Des chambres, des salles mais aussi des cabinets des miroirs sont un détail d'aménagement particulier des châteaux baroques et surtout de ceux du rococo. Le Roi de Saxe, Auguste le Fort, fut certainement le premier à se faire installer un pareil "cabinet de curiosités", en faisant construire, vers la fin du 17ème siècle, une pièce en boiserie avec de grands miroirs étaient encastrés dans les murs opposés. Devant ces miroirs, la précieuse collection de porcelaine du roi fut exposée, objets que l'alchimiste royal, Johann Böttger créa au lieu de l'or promis.

Friedrich Carl von Schönborn, depuis 1729 Prince-Evêque de Würzburg, ne termina pas seulement l'immense construction du château mais accentua également l'aménagement particulier de celui-ci. L'agencement d'un cabinet des miroirs le préoccupa des années durant. Les premiers plans furent élaborés par Rudolf Byss qui avait travaillé des décennies durant pour les Schönborn et qui jouissait de leur confiance illimitée. Mais Friedrich Carl discerna rapidement que le septuagénaire Byss ne possédait plus la créativité artistique pour de nouveautés comme on n'en avait encore jamais vues. Là aussi intervient Neumann. Il dirigea l'attention du Prince sur le jeune Bossi qui était juste en train de faire le stucage de la Salle Blanche et de l'église de la Cour et qui était réputé pour ses idées folles. En plus il lui recommanda également le jeune Johann Wolfgang van der Auvera de l'atelier du vieux Byss. Sans hésiter, on envoya Auvera à Vienne pour une formation complémentaire. On y parvint en 1740. Auvera montre au Prince une table, conçue par lui-même, hâtivement construite par les artistes de la Cour, avec un dessus d'un nouveau genre en verre, travaillé en technique églomisée (d'après le français Glomy). Il est donné ordre d'appliquer cette technique également sur les murs. Avec leur rapidité habituelle Bossi et ses compagnons réalisèrent le plafond. Högler, Thalhofer et Urlaub, élèves de Byss exécutèrent, d'après les plans d'Auvera, les bizarres peintures, dorures et étamages sur verre. On travailla avec un zèle fougueux. Dès 1745, tout fut fini.

Ce qui fut créé se laisse à peine exprimer avec des mots. On devrait se rappeler un peu plus en détail l'histoire plus haut mentionnée. En 1745, **Maria-Theresia** se rend à Francfort pour l'élection de l'empereur. Elle à depuis longtemps, pardonné à son confident Friedrich Carl d'avoir quitté la Cour Impériale contre sa volonté pour aller à Würzburg. Par ailleurs, poussée par la curiosité féminine, elle voulut voir ce qu'est devenue la construction du château que Johann Philipp Franz a commencé **"dans sa quasi-folie des grandeurs".** Elle fit donc une halte à Würzburg. Friedrich Carl la reçut avec tous les honneurs. Mais quelle déception. Le hall d'entrée, l'immense cage d'escalier, la future salle impériale et plus de la moitié des chambres de parades prévues sont encore en gros œuvre. La grand dame est irritée. Est-ce que le Prince-Evêque aurait-il vu trop grand? La vaste construction sera-t-elle jamais aménagée selon son rang? Après le souper Friedrich Carl conduit son hôte à son appartement.

Mais quelle surprise. La porte de la chambre voisine est ouverte. Un petit cabinet est illuminé. Maria-Theresia qui ne possède pas moins d'objets précieux nouveaux et uniques dans sa capitale se retrouve au milieu d'un étincelant **cabinet des miroirs** qui se perd dans une enfilade infinie de chambres virtuelles. C'est là qu'elle s'exclame: "Vraiment, c'est le château qui surpasse tous les châteaux".

Le 16 mars 1945, la nuit d'horreur, cette merveille est totalement détruite. Personne ne crut que jamais on puisse reconstruire quelque chose de ce genre. Mais des études soigneuses du matériel de documentations (photos, même des diapositives en couleur et une aquarelle, peinte en 1876 par un artiste-peintre de la Cour de Munich pour Louis II) et de longues années de recherches et d'essais de la technique depuis longtemps oubliée, permirent enfin en 1979 le commencement des travaux de reconstruction. La contribution déterminante fut fournie par un artiste-peintre doué de Würzburg – Wolfgang Lenz – et un groupe d'artisans qui se sont perfectionnés dans la plus haute maîtrise lors des travaux de reconstruction précédents de la Résidence.

Depuis octobre 1987, pour tout le monde **à nouveau apparent,** ce qui occupait les potentats du 18ème siècle. On cherche et on crée un monde de l'irrationnel, dans lequel on est soi-même le centre.

Le monde c'est moi

Qui s'étonne encore que 50 ans plus tard la tempête de la Révolution française balaye de telles formes de gouvernement et de société.

Infinite perspectives of rooms upon rooms ▷

Enfilade infinie de chambres virtuelles

*Panel-mirror
with the monogram
of Friedrich Carl*

*Miroir-lambrisé
avec le monogramme
de Friedrich Carl*

The Prince's Hall

La salle du prince, détruite, dans une très large mesure, en 1945 et reconstruite en 1978. Les portraits des princes-évêques ayant régné de 1684 à 1775 sont originaux, de même que les fauteuils en soie rouge damassée.

The Court Church

At first, the prince and bishop Johann Philipp Franz von Schönborn had planned a modestly dimensioned church for the north-eastern corner of the Residence adjacent to his living quarters. Subsequently, the Mainz architect, Maximilian v. Welsch drew up plans for a church in the northern oval. This suggestion was followed by a recommendation from the Frenchman R. de Cotte that it be placed in an area to the north where the present Prince's Room is situated. Finally, however, Neumann's plan to place it in the south-west corner was unanimously adopted, a plan which foresaw a complex interior architecture set within a rectangular space and consisting of three storeys. The decoration is by Lucas von Hildebrandt. The final result in conception and execution is one of the most perfect ecclesiastical buildings in the land.

It is both a convincing monument to Christian belief and human pride. The frescos on the ceiling, carried out by the court painter, R. Byss, make this clear. The Virgin Mary, immaculate, the Mother of God, is taken up to Heaven through the saving grace of her Son. The Franconian apostle, martyred St. Kilian, Kononat and Totnan follow her after taking up their crosses. Above the organ we see the fall into hell of the proud and wicked angels around Lucifer.

The believers are called to the eternal mansions of God. They overcome the obstacles in their way – represented by mighty beams – only in, through and with the cross of the Son of God which each bears. There is only one among the mortals who, through the power of his office and his dignity, is relieved of this heavy burden – the Prince Bishop who each day celebrates mass in the upper part of this far more magnificent altar showing the way to Heaven.

The church was virtually completed by 1743 and Friedrich Karl von Schönborn, a pious worshipper ot the Virgin Mary, consecrated in on 15th September and took it over as his official church. In the years 1751/52, Tiepolo painted the two side wings of the altar with the same themes as were depicted in his frescos. The church was severely damaged by fire and the intrusion of water in 1945. Würzburg building contractors and craftsmen succeeded in brilliantly restoring the church in 1963. Today, this place of worship is one of Würzburg's most popular churches for weddings.

L'église de la Cour

Le Prince-évêque Johann Philipp Franz von Schönborn projeta tout d'abord d'édifier l'église de la cour, de dimensions modestes au coin nord-est de la résidence, tout à côté de l'habitation prévue. L'architecte Maximilian v. Welsch, de Mayence, changea le projet en prévoyant l'église dans l'oval nord. Le français R. de Cotte recommanda la partie latérale au nord, (aujourd'hui salle du prince) comme emplacement de l'église. On réalisa enfin les projets de Neumann de l'année 1730, à l'angle sud-ouest, qui prévoyaient une architecture complexe, d'un espace rectangulaire de trois étages. La décoration est de Lucas von Hildebrandt. Le résultat est, d'après idée et réalisation un édifice sacré des plus parfaits de notre pays.

C'est un monument convaincant de la foi chrétienne mais en même temps de l'orgueil humain, comme le manifestent les fresques du peintre de la cour R. Byss: Marie, Vierge sans péché originel, mère de Dieu est accueillie au ciel par la Rédemption de son Fils, suivie par les apôtres franconiens, Kilian, Kolonat et Totnan, morts en martyr. Au-dessus de l'orgue la Chute aux enfers du groupe d'anges fiers et orgueilleux autour de Lucifer. Les croyants sont également appelés au repos éternel. Ils franchissent tous les obstacles – représentés par un poutrage immense, mais seulement en relation, grâce à et avec la croix du Fils de Dieu, que chacun porte en soi. Un seul parmi les hommes, en vertu de sa charge et de sa dignité est épargné des tourments. Le Prince-évêque célèbre sa messe quotidienne à l'autel supéreur qui s'élève dans un ciel jubilant sans pareil. En 1743 l'église était presque terminée. Friedrich Karl von Schönborn la consacra, le 15 septembre à la très sainte Trinité et en fit l'église de la Cour.

En 1751/52 G. B. Tiepolo peignit les deux tableaux des autels latéraux dans le même sujet que les fresques du plafond. Endommagés par le feu et l'eau en 1945, des constructeurs et des artisans Würzbourgeois réussirent jusqu'en 1963 une magnifique restauration. La maison de Dieu est aujourd'hui l'église préférée pour les célébrations nuptiales.

The Hofkirche (Court Church) built by Balthasar Neumann between 1732 and 1738 ▷
Eglise de la Cour, construite par Balthasar Neumann 1732-1738

The two side altars of the Hofkirche painted
by Tiepolo.

Les deux autels latéraux de l'église de la Cour.

◁ Top, the two high altars of the Hofkirche
   Bottom left: guardian angel Raphael
   Bottom right: chancel

En haut: Les deux maître-autels de l'église de la Cour
En bas à gauche: Ange gardien Raphaël
En bas à droite: La chaire

◁ *Winter scene in the Hofgarten of the Residence*
  Ambiance hivernale dans le jardin de la Cour de la Résidence